BEI GRIN MACHT SICH IHR
WISSEN BEZAHLT

Bibliografische Information der Deutschen Nationalbibliothek:

Die Deutsche Bibliothek verzeichnet diese Publikation in der Deutschen National-bibliografie; detaillierte bibliografische Daten sind im Internet über http://dnb.d-nb.de/ abrufbar.

Impressum:

Copyright © 2017 GRIN Verlag, Open Publishing GmbH
Druck und Bindung: Books on Demand GmbH, Norderstedt Germany
ISBN: 9783668611498

Dieses Buch bei GRIN:

https://www.grin.com/document/386915

Steven Behrend

Staatlich geförderte Altersvorsorge. Welche Möglichkeiten bietet Riester zur Schließung der Versorgungslücke im Rentenalter?

GRIN Verlag

GRIN - Your knowledge has value

Der GRIN Verlag publiziert seit 1998 wissenschaftliche Arbeiten von Studenten, Hochschullehrern und anderen Akademikern als eBook und gedrucktes Buch. Die Verlagswebsite www.grin.com ist die ideale Plattform zur Veröffentlichung von Hausarbeiten, Abschlussarbeiten, wissenschaftlichen Aufsätzen, Dissertationen und Fachbüchern.

Besuchen Sie uns im Internet:

http://www.grin.com/

http://www.facebook.com/grincom

http://www.twitter.com/grin_com

Staatlich geförderte Altersvorsorge - welche Möglichkeiten bietet Riester zur Schließung der Versorgungslücke im Rentenalter?

Praxistransferbericht II

vorgelegt am 09.10.2017

an der Hochschule für Wirtschaft und Recht Berlin

Fachbereich Duales Studium

Von: Steven Behrend

Bereich: Wirtschaft

Fachrichtung: Bank

Studienjahrgang: 2016

Studienhalbjahr: 3

Inhaltsverzeichnis

1   Einleitung 1

2   Das deutsche Rentensystem 1

   2.1   Entwicklung der gesetzlichen Rentenversicherung 1

   2.2   Das Drei-Säulen-System der Altersvorsorge 3

3   Beispielrechnung einer Riester-Rentenversicherung 4

   3.1   Anforderungen der Riester-Produkte 4

   3.2   Grundlagen des Rechenbeispiels der Riester-Rente 5

   3.3   Methode zur Berechnung der Rentenhöhe 7

   3.4   Rentabilitätsrechnung der Riester-Rente 9

4   Fazit 11

Literaturverzeichnis 12

Internetverzeichnis 12

1 Einleitung

Die Skepsis über die staatliche Versorgung im Alter in Deutschland ist groß. 61 Prozent der Erwerbstätigen in Deutschland fühlen sich für ihre Rente nicht ausreichend abgesichert. So lautet die schockierende Meldung einer Umfrage des AXA Deutschland-Reports 2017.[1] Somit scheint eine Mehrheit der Deutschen finanziell nicht für das Alter gewappnet. Untermauert wird diese Angst durch Probleme des demographischen Wandels und einhergehender politischer Reformen wie der fortwährenden Erhöhung des Renteneintrittsalters oder Senkungen des gesetzlichen Rentenniveaus. [2] Prognosen des Rentenberichts der Bundesregierung zufolge wird sich der Trend des Sinkens des Rentenniveaus weiterhin fortsetzen. Die Bundesregierung spricht hier auch deutlich an, „dass die gesetzliche Rente zukünftig alleine nicht ausreichen wird, um den Lebensstandard [zu halten]".[3] Als zusätzliche Absicherung werden staatlich geförderte Maßnahmen über das Alterseinkünftegesetz angeführt. Eine Möglichkeit zur Nutzung dieser staatlichen Förderung ist die Riester-Rente.[4]

Im Folgenden soll erläutert werden, ob die Riester-Rente der Bevölkerung als Option für die Schließung der Versorgungslücke im Alter dienen kann. Hierfür soll zunächst einmal auf die bestehenden Problematiken im deutschen Rentensystem und die daraus resultierende Versorgungslücke eingegangen werden. Um die Frage der Tauglichkeit der Riester-Rente zu beantworten, soll das Konzept der Riester-Rente zunächst erklärt und anhand eines Rechenbeispiels und Rentabilitätseinordnung bewertet werden.

2 Das deutsche Rentensystem

Um eine Bewertung der Riester-Rente durchzuführen, muss diese zunächst in das Rentensystem eingeordnet werden. Zur Einordnung soll hierfür das Drei-Säulen-System verwendet werden.

2.1 Entwicklung der gesetzlichen Rentenversicherung

Die erste Säule des Drei-Säulen-Systems bildet die gesetzliche Rente. Mit den Rentenreformen von 2001 und 2004 wurde die Altersvorsorge in Deutschland grundlegend verändert. Seit 1957

---

[1] vgl. AXA SA (Hrsg.) (2017), S.5.
[2] vgl. Trischler, F. (2014), S. 9.
[3] Bundesministerium für Arbeit und Soziales (Hrsg.) (2016), S.12.
[4] vgl. ebd.

besteht in Deutschland ein umlagefinanziertes Rentensystem. Dabei zahlen die Erwerbtätigen und Arbeitgeber gemeinsam die Beiträge zur Finanzierung der aktuellen Renten und nicht der eigenen Renten. Durch den Generationenvertrag erwerben sie jedoch zeitgleich einen Anspruch zum Erhalt der Rente in der eigenen Rentenphase.[5]

Das Ziel dieses Rentensystems war, dass Versicherte, die in ihrem Erwerbsleben dauerhaft ihre Beiträge zahlten, eine lebensstandardsichernde Rente erhalten. Der Lebensstandard in der Rentenphase wurde äquivalent zum beruflichen Lebensstandard gesetzt. Hierdurch sollte auch Altersarmut vermieden werden. Mit dem Altersvermögensgesetz von 2001 wurden allerdings genau diese Ziele in den Hintergrund gestellt. Im Vordergrund stand nun die Beitragssatzstabilität für die Erwerbstätigen. So sollten die Belastung der Beitragszahler und die Lohnkosten für die Arbeitgeber langfristig stabil gehalten werden.[6] Um diese Beitragssatzstabilität umzusetzen, mussten zahlreiche und tiefgreifende Einschnitte bei der gesetzlichen Rente vorgenommen werden. Das Abschmelzen der Beitragszahlerbasis in Richtung der Rentenempfänger durch den demografischen Wandel sollte unter anderem durch eine Erhöhung des Renteneintrittsalters auf 67 Einhalt geboten werden. Zusätzlich wurde die Berechnung der Renten modifiziert, so dass diese zukünftig nicht mehr direkt an das Lohnniveau der Bevölkerung gekoppelt ist und die Renten langsamer steigen als das Lohnniveau. Eine umfassende Lebensstandardsicherung entfällt somit, jedoch wurde so die Beitragsbasis gestärkt.[7]

[5] vgl. Ruser A. (2011), S.118.
[6] vgl. Dedring, K-H./ Deml, J. et al (2010), S.12f.
[7] vgl. Wilke F. (2016), S.58f.

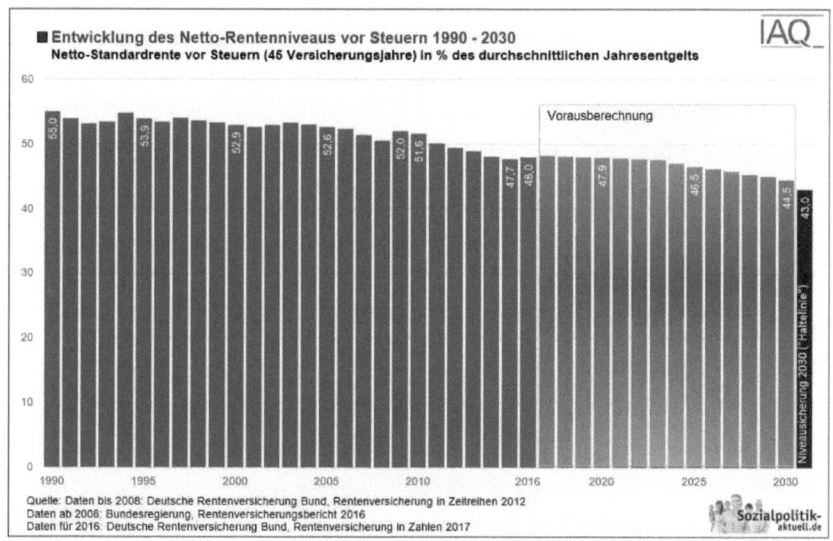

Quelle: Daten bis 2008: Deutsche Rentenversicherung Bund, Rentenversicherung in Zeitreihen 2012
Daten ab 2008: Bundesregierung, Rentenversicherungsbericht 2016
Daten für 2016: Deutsche Rentenversicherung Bund, Rentenversicherung in Zahlen 2017

Abbildung 1: Entwicklung des Netto-Rentenniveaus vor Steuern zwischen 1990 und 2030, Quelle: Institut Arbeit und Qualifikation der Universität Duisburg-Essen (Hrsg.) (2017).

Zwangsläufig geht damit aber auch eine Absenkung des Rentenniveaus einher, da die Brutto-Löhne schneller steigen als der Rentenanspruch. Der Verlauf des Rentenniveaus von 1990 bis zur Prognose im Jahr 2030 ist in Abbildung 1 dargestellt. Das Netto-Rentenniveau sinkt hier im Verlauf von 55% im Jahr 1990 auf prognostizierte 43% im Jahr 2030. Das Netto-Rentenniveau bezeichnet das Verhältnis der Rente des Empfängers und zu seinem früheren Durchschnittsverdienst, vermindert um die Sozialabgaben. [8] Deutlich wird, dass zwischen früheren und zukünftigen Rentenniveaus eine immer größere Lücke entsteht, die es auszugleichen gilt. Diese Lücke soll hier als Versorgungslücke im Rentenalter definiert werden.

2.2 Das Drei-Säulen-System der Altersvorsorge

Um die zuvor beschriebene Lücke der gesetzlichen Altersvorsorge zu schließen, wurde sich seit den Rentenreformen 2001 und 2004 stark an dem Drei-Säulen-System der Altersvorsorge orientiert. Auf diesen drei Säulen soll die Vorsorge gemeinsam bauen. Die erste Säule ist die beschriebene gesetzliche Rentenversicherung. Diese soll nach wie vor die Haupteinnahmequelle im Rentenalter bleiben.

---

[8] vgl. Deutsche Rentenversicherung (Hrsg.) (o.J.a), zweiter Abschnitt im Hauptframe.

Für die weitere Vorsorge ist jeder Beitragszahler individuell und freiwillig verantwortlich. Die zweite und dritte Säule sind die betriebliche bzw. private Altersvorsorge. Auf die zweite Säule soll an dieser Stelle jedoch nicht weiter eingegangen werden, da diese unerheblich für die Beantwortung der Leitfrage ist.[9] Die dritte Säule wird durch die private Altersvorsorge abgebildet. In dieser Arbeit steht die private staatlich geförderte Altersvorsorge im Fokus, welche im Folgenden näher beleuchtet werden soll.

3 Beispielrechnung einer Riester-Rentenversicherung

Die private staatlich geförderte Altersvorsorge ist besser bekannt unter dem Namen *Riester-Rente*. Trotz aller medialer Kritik an der Riester-Rente ist diese mit 48% Marktdurchdringung die beliebteste private Vorsorge in Deutschland.[10] Aus dem Lager der Kritiker gibt es jedoch erhebliche Zweifel an der Rendite sowie der Kostenstruktur der Riester-Rente. Ebenso wird Riester häufig als Geschenk für die Finanzindustrie verunglimpft, da Riester ausschließlich von privaten Anbietern vertrieben wird.[11]

3.1 Anforderungen der Riester-Produkte

Für die Zulassung als Riester-Produkt, welches mit staatlichen Förderungen einhergeht, müssen die Anbieter zahlreiche gesetzliche Anforderungen einhalten. Einige Beispiele sollen an dieser Stelle einmal angeführt werden. Die Auszahlung der Rente darf frühestens ab dem 62. Lebensjahr beginnen. Die ausgezahlte Rente muss mindestens gleichbleibend ausfallen, zudem muss ein Kapitalerhalt der eingezahlten Beiträge zum Auszahlungszeitpunkt garantiert werden. Bei der Kostenstruktur gilt die Zillmerung, bei der die Vertriebs- und Abschlusskosten innerhalb der ersten fünf Jahre abgetragen werden müssen. Wichtig zu erwähnen ist außerdem, dass sämtliche Riester-Verträge geschlechtsneutrale Tarife sind, was bei der späteren Betrachtung der Rendite (vgl. S.9) eine Rolle spielt. Neben diesen Anforderungen müssen die vorsorgenden Personen außerdem zum Förderkreis der Riester-Produkte zählen. Hierzu gehören alle Personen, die in der gesetzlichen Rentenversicherung versichert sind, Empfänger einer Erwerbsminderungsrente und Beamte.[12]

Die Ausgestaltung der Riester-Produkte obliegt den Anbietern unter Einhaltung der beschriebenen gesetzlichen Anforderungen. Den größten Anteil der Riester-Produkte bildet die

---

[9] vgl. Bäcker G., Schmitz J. (2013), S.34.
[10] vgl. die Bayrische (2017), zweiter Absatz im Hauptframe.
[11] vgl. Freiberger, H. (2016), erster Absatz im Hauptframe.
[12] vgl. Wilke, F. (2016), S.70f.

Riester-Rentenversicherung mit 67,5%, gefolgt von Investmentfondsverträgen mit 19%. Ebenfalls möglich sind einfache Bankssparpläne, die einen Anteil von 5% ausmachen und Wohn-Riester mit 8,5%, welcher zur Finanzierung des Eigenheims genutzt werden kann. Kosten- und Renditestrukturen können auf Grund des vorliegenden Produktportfolios nicht pauschalisiert werden. Differenzen können dabei nicht nur zwischen den Produktklassen ausgemacht werden, sondern ebenfalls innerhalb einer Produktklasse bei verschiedenen Anbietern.[13]

Allen Produkten ist jedoch die Förderung gemein. Gefördert wird Riester durch staatliche Zulagen und einen steuerlichen Sonderausgabenabzug. Die jährliche Zulage beträgt pauschal 154€ und wird 2018 auf 175€ erhöht. Zusätzlich können für jedes Kind weitere 185€ bzw. für Kinder ab dem Geburtsjahr 2008 300€ beantragt werden. Förderung kann häufig auch über den Sonderausgabenabzug beansprucht werden, indem die eingezahlten Beiträge von der Steuer abgesetzt werden.[14]

Um dem Umfang dieser Hausarbeit gerecht zu werden, wird im Folgenden ausschließlich das beliebteste Produkt, die Riester-Rentenversicherung, der Rechnung zugrunde.

3.2 Grundlagen des Rechenbeispiels der Riester-Rente

An dieser Stelle soll Riester hinsichtlich ihrer Rentabilität geprüft werden. Gewählt wurde eine Riester-Rentenversicherung des Anbieters Allianz. Die Allianz bietet online einen umfangreichen Beispielrechner, welcher jedoch ausschließlich für die Berechnung der Garantierente verwendet wurde. Diese dient als Basis für die weitere Berechnung in dieser Arbeit.[15]

Da es sich bei Riester um eine lebenslange monatliche Rente handelt, wird der Riester-Vertrag in dieser Arbeit als rentabel definiert, sobald die Summe aller Einzahlungen die Summe der ausgezahlten Renten übersteigt. Für diese Schwelle wird das jeweilige Alter des Rentenempfängers berechnet und dieses mit der statistisch durchschnittlichen Lebenserwartung in Deutschland verglichen. Wenn diese Kennzahl höher als die Lebenserwartung liegt, lohnt sich der Abschluss im Durchschnitt nicht.

Um möglichst allgemeine Aussagen zu treffen, wurden drei verschiedene Einkommensklassen für die Berechnung gewählt, die vom statistische Bundesamt zuletzt 2014 definiert wurden.

---

[13] vgl. Bäcker G. (2016), S. 73.
[14] vgl. Die Bundesregierung (Hrsg.) (2016), 6. Abschnitt im Hauptframe.
[15] vgl. Allianz SA (Hrsg.) (o.J.), Hauptframe

Für die Kategorie der Niedrigverdiener entspricht das einem Brutto-Monatsgehalt von 2000€. Als mittlere Einkommenskategorie wurde der Median gewählt, da dieser Einkommensausreißer nach oben präziser korrigieren kann als der Durchschnittslohn und somit einen mittleren Verdienst besser repräsentiert. Der Median im deutschen Gehaltsgefüge liegt bei 3000€ brutto je Monat. Die dritte gewählte Kategorie sind die Gutverdiener mit einem monatlichen Einkommen von 4500€ brutto.[16]

Für die Rechnung wurden folgende Annahmen getroffen: Die Vertragsperson kann entweder männlich oder weiblich sein, da Unisex-Tarife vorliegen. Der Riester-Vertrag wird im nachfolgenden Beispiel mit 24 Jahren abgeschlossen, was dem Abschlussalter des Autors entspricht. Somit folgen noch 43 Beitragsjahre bis zur regulären Rente mit 67. Die Beitragshöhe beträgt 4% des Brutto-Jahresverdienstes, um die vollen staatlichen Zulagen zu erhalten.[17] Für jede der Einkommenskategorien wurde eine Beispielrechnung mit keinem Kind, mit einem Kind, welches 2017 geboren ist und mit zwei Kinder, welche beide 2017 geboren sind, erstellt. Da die Allianz in ihrer Garantierente davon ausgeht, dass die Kinderzulagen 25 Jahre eingezahlt werden, wurde diese Annahme übernommen. Der Wegfall der Kinderzulage muss nach deren Ablauf dann durch eine Erhöhung der Eigenbeiträge kompensiert werden. Als Wertentwicklung wurde eine durchschnittliche Verzinsung inklusive Überschussbeteiligung von 2,8% angenommen.[18] Es wird davon ausgegangen, dass diese Verzinsung vor oder nach Kosten entstanden ist, wurde eine konservative Rechnung gewählt und weitere 0,84% Gesamtkostenquote miteinbezogen.[19] Effektiv kann so eine Wertentwicklung von 1,96% pro Jahr ausgegangen werden. Während der Ansparphase sind die Erträge und Förderungen des Staates steuerfrei. Beim Bezug der Riester-Rente wird diese allerdings mit dem jeweiligen Einkommensteuersatz versteuert.[20] Da der fiktive Rentenbezug 2045 ist, wurde die Riester-Rente in vollem Umfang versteuert.[21]

Die Einkommensteuersätze der Renten wurden mit Hilfe eines Rentenrechners ermittelt.[22]

[16] vgl. Das Erste (Hrsg.) (o.J.), mittlerer Abschnitt im Hauptframe.
[17] vgl. Coppola M., Gasche M. (2011), S.797.
[18] vgl. N-TV (Hrsg.) (2016), erster Absatz im Hauptframe.
[19] vgl. Allianz SA (Hrsg.) (2017), Hauptframe.
[20] vgl. Wilke F. (2016), S.71f.
[21] vgl. Deutsche Rentenversicherung (Hrsg.) (o.J.b), mittlerer Abschnitt im Hauptframe.
[22] vgl. finanzrechner.org (Hrsg.) (o.J.), erster Abschnitt im Hauptframe.

Für die modellhafte Berechnung der Renten wurden aus Gründen der Vereinfachung aktuelles Datenmaterial verwendet. Somit wurden für den Verlauf keine Lohnerhöhung, ein konstantes Steuerniveau und das aktuelle Rentenniveau von 48% angenommen.

3.3 Methode zur Berechnung der Rentenhöhe

Zur Rechnung: Wie bereits erläutert, wurde für die Berechnung der monatlichen Rente die Garantierente des Allianzrechners zugrunde gelegt. Die Garantierente basiert auf dem Garantiekapital, welches sich aus den Beiträgen ohne Zulagen zusammensetzt. Eine Reduzierung durch etwaige Steuerersparnisse erfolgt nicht, da die Beiträge zuvor bereits einbezahlt wurden und somit sicher sind.

Tabelle 1: Garantierenten und Garantiekapital nach Berechnungen der Allianz Allianz

Einkommenshöhe	Anz. der Kinder	Garantiekapital	Garantierente
Niedrig	0	34.572,00 €	101,00 €
	1	27.123,00 €	79,24 €
	2	19.622,00 €	57,32 €
Mittel	0	55.299,72 €	161,00 €
	1	47.789,00 €	139,16 €
	2	40.298,00 €	117,32 €
Hoch	0	83.678,00 €	243,00 €
	1	76.178,00 €	221,22 €
	2	68.678,00 €	199,44 €

Um nun anhand der Garantierenten die prognostizierten Renten inklusive Zinsen und Zulagen zu ermitteln, muss zunächst das Endkapital (entspricht Garantiekapital inklusive Zinsen und Zulagen) berechnet werden. Dieses wurde wie folgt errechnet:

$$x_n = \frac{y * (2 + r)}{2} * \frac{(1 + 0{,}0196)^n + 1}{r}$$

$x_n = Endkapital\ im\ Jahr\ n$

$y\ = jährlicher\ Beitrag\ inklusive\ Zulagen$ \hfill (1)

$r\ = Zinsrate\ =\ 0{,}0196$

Da die Allianz auf Nachfrage keine Aussage zur genauen Berechnung der Rente treffen konnte, wurde als Näherungsverfahren eine Verhältnisformel (2) mit dem Garantiekapital angewendet.

Dieses Verfahren wurde mit der Annahme gewählt, dass Garantierente und Endrente auf ähnlichen Berechnungen beruhen.

$$\frac{Garantierente}{Garantiekapital} = \frac{Endrente}{Endkapital} \qquad (2)$$

Tabelle 2: Berechnung der finalen Rente

Einkommens-höhe	Anz. der Kinder	Endkapital	Endrente	Rente nach Steuern	Versorgung-lücke
Niedrig	0	64495,33 €	188,42 €	179,00 €	200 €
	1	64495,33 €	188,42 €	179,00 €	200 €
	2	64495,33 €	188,42 €	179,00 €	200 €
Mittel	0	96742,99 €	281,66 €	250,68 €	300 €
	1	96742,99 €	281,66 €	250,68 €	300 €
	2	96742,99 €	281,66 €	250,68 €	300 €
Hoch	0	141083,53 €	409,71 €	342,10 €	450 €
	1	141083,53 €	409,71 €	342,10 €	450 €
	2	141083,53 €	409,71 €	342,10 €	450 €

In Tabelle 2 sind die Ergebnisse der Rechnungen des Rentenkapitals und den ausgezahlten Renten ersichtlich. Die dargestellten Versorgungslücken sind auf Basis der Daten aus Abbildung 1. Hier sinkt das Rentenniveau von Einführung des Altersvermögensgesetzes bis zur Prognose 2030 von 53% auf 43%, was etwa 10% des Brutto-Lohns der Einkommensklassen entspricht (vgl. S.6). Die Versorgungslücke kann von Riester allein jedoch nicht vollständig abgedeckt werden. Es bleibt eine Restunterversorgung (entspricht prozentualer Differenz zwischen der Versorgungslücke und der Rente), die bei niedrigen Einkommen etwa 10% der Versorgungslücke ausmacht und bei hohen Einkommen bis zu etwa 25%. Bei den niedrigen Einkommen sollte allerdings beachtet werden, dass beim möglichen Erhalt einer Rente unter Grundsicherungsniveau, die Riester-Rente angerechnet wird und nicht als Zuschlag gezahlt wird.[23] Da Riester als dritte Säule im Drei-Säulen-System nur einen Teil der Versorgungslücke abfedern muss, kann die Funktion in dieser Hinsicht als vollständig

---

[23] vgl. Deutsche Rentenversicherung (Hrsg) (o.J.b), erster Abschnitt im Hauptframe.

gewährleistet angesehen werden. Als freiwillige Vorsorgemöglichkeit muss Riester jedoch noch weitere Bedingungen erfüllen, um sich gegen Konkurrenzprodukte durchzusetzen. Ebenfalls wichtig zu betrachten ist, ob Riester, trotz Teilschließung der Versorgungslücke, überhaupt rentabel ist.

3.4 Rentabilitätsrechnung der Riester-Rente

Da es sich bei Riester um eine lebenslange Rente handelt, ist eine reine Renditerechnung an dieser Stelle nicht möglich. Jedoch kann berechnet werden, wie lange die Rente erhalten werden muss, um die Einzahlungen wiederzuerhalten, was einer Rendite von 0 % entsprechen würde. Für diese Berechnung wird dann die reine Eigenleistung berücksichtigt, da die staatlichen Zuschüsse nicht selbst erwirtschaftet werden müssen und als Ertrag gewertet werden können. Die Eigenleistungen entsprechen dem Garantiekapital, gemindert um die von der Allianz ausgewiesene Steuerersparnis.

$$Jahre\ bis\ R\ddot{u}ckzahlung\ der\ Eigenleistung = \frac{Garantiekapital - Steuerersparnis}{Endrente\ nach\ Steuern * 12} \quad (3)$$

Tabelle 3: Alter, bei dem Rückzahlungen den Einzahlungen entspricht im Verhältnis zur Lebenserwartung

Einkommenshöhe	Anz. der Kinder	Alter bei 0 % Rendite	Differenz zur Lebenserwartung einer Frau	Differenz zur Lebenserwartung eines Mannes
Niedrig	0	81,1	2,4	-2,4
	1	78,8	4,7	-0,1
	2	75,3	8,2	3,4
Mittel	0	81,1	2,4	-2,4
	1	81,1	2,4	-2,4
	2	78,6	4,9	0,1
Hoch	0	80,4	3,1	-1,7
	1	80,6	2,9	-1,9
	2	80,8	2,7	-2,1

Bei der Riesterrente ist, wie bei jeder anderen Investition, der Renditegedanke ein wichtiger Aspekt. Da das Geld über 43 Jahre fest im Vertrag gebunden ist, muss hierfür in der

Auszahlungsphase ein entsprechender Zins miteinfließen. Der Rückerhalt der Einzahlungen inklusive Zinsen sollte dementsprechend in einem Zeitraum erfolgen, der realistischerweise erlebt werden kann. In Tabelle 3 werden die Zeitpunkte, bei denen die Einzahlungen des Vorsorgenden den Auszahlungen entsprechen, dargestellt und ins Verhältnis zur Lebenserwartung gestellt.[24] Unterschieden wird in der Tabelle zwischen den grünen Zellen, wo der Vorsorgende die 0 % Renditehürde erlebt, und den roten Zellen, bei denen die Nullschwelle nach der durchschnittlichen Lebenserwartung liegt. Deutlich zu erkennen ist, dass in sämtlichen Szenarien Frauen einen Vorteil gegenüber Männern im gleichen Lebensstil aufweisen. Diese Differenz lässt sich auf die unterschiedliche Lebenserwartung von etwa 4,8 Jahren zugunsten der Frauen zurückführen. Für Männer ist ein Abschluss in diesen Rechenbeispielen nur als Geringverdiener mit zwei Kindern oder bei einem mittleren Einkommen mit zwei Kindern rentabel. Bei Frauen ist der Abschluss in jedem Szenario rentabel.

Beim Thema Kinder und Einkommen muss allerdings genauer differenziert werden. Auffällig hierbei sind die Kategorie der Niedrigverdiener mit ein bis zwei Kindern und die mittlere Verdienstschicht mit zwei Kindern, die überdurchschnittlich früh die Nullschwelle erreichen innerhalb einer Geschlechterkategorie. Bei den hohen Einkommen sind Effekte durch Kinder wenig ausgeprägt. Hier steigt sogar die staatliche Förderung bei einem Haushalt mit weniger Kindern.

Die hier angeführte Rentabilität ist allerdings kein Indikator für Überlegenheit der Riester-Vorsorge gegenüber andere privaten Vorsorgemöglichkeiten. Hierzu nochmal ein Gedankenspiel zur Rendite. Eine Person aus der niedrigen Einkommensschicht aus dem oben beschriebenen Rechenbeispiel benötigt bis zur Rückgewinnung des eigenen Kapitals 14 Jahre. Hierbei sind weder eine Verzinsung noch die Zulagen oder die Steuerersparnis erhalten. Bis zu diesem Zeitpunkt hat sie jedoch gerade etwa 32000 € von ca. 64000 € aus dem Endkapital ausgezahlt bekommen. Um also sämtliche Zulagen und die Verzinsung von 2 % zu erhalten, müsste die Person weitere 14 Jahre die Rente erhalten. Die Person wäre somit schon weit über der prognostizierten Lebenserwartung. Statistisch gesehen ist diese Rendite somit sehr unwahrscheinlich.

---

[24] Statistisches Bundesamt (Hrsg.) (o.J.), Hauptframe.

4 Fazit

Der Riester-Rentenversicherung wird im Drei-Säulen-System angedacht, die Versorgungslücke der gesetzlichen Rentenversicherung teilweise zu schließen. Ein Vergleich der berechneten Renten mit der Versorgungslücke zeigte, dass Riester bereits einen Großteil zur Schließung beitragen konnte. Bei der Rentabilitätsrechnung zeigte Riester deutliche Vorteile zugunsten der Frauen, was mit der höheren Lebenserwartung zu begründen ist. Im Segment der Niedrigverdiener und mittleren Einkommen werden Riester-Verträge mit einer erhöhten Anzahl an Kindern deutlich profitabler. Dieser Effekt dreht im hohen Einkommensbereich, so dass hier Vorsorgende ohne Kinder profitieren.

Eindeutige Empfehlungen, ob eine Riester-Rente ein Vorsorgemuss ist, können anhand dieser Arbeit jedoch nicht getätigt werden. In den modellhaften Rechnungen können eine Vielzahl von Faktoren nicht lebensgetreu berücksichtigt werden oder beruhen auf Prognosen. Hierzu zählt vor allem die angenommen laufende Verzinsung, die abhängig von den Überschüssen der Allianz ist und die Rentabilität drastisch verändern kann. Problematisch ist außerdem, dass die Szenarien auf strikten Vorgaben über die vollständige Vertragslaufzeit beruhen. Einkommenserhöhungen oder Einkommensausfälle müssten dementsprechend durch Mischkalkulationen dargestellt werden.

Ebenso nicht kalkulierbar sind Änderungen der Steuersätze oder des Rentenniveaus. Dies könnte natürlich auch zugunsten der Vorsorge geschehen, jedoch ist dies wohl rückblickend betrachtet unwahrscheinlich.

Anhand der letzten Betrachtung, bei der ein Riester-Rentner etwa 28 Jahre benötigt, um das vollständige Kapital zu erhalten, wird die eigentliche Problematik deutlich. Das Kapital inklusive Zinsen und Zulagen bieten eine sehr gute Möglichkeit der Anlage. Trotz dessen ist die monatliche Rente vergleichsweise niedrig. Alternativ könnte ein Produkt gewählt werden, bei dem eine Einmalauszahlung möglich ist. In Frage kommt hier zum Beispiel die nicht geförderte private Rentenversicherung. Eine fiktive Verrentung dieser Einmalsumme würde ebenfalls über die Lebenserwartung hinausgehen und würde unabhängig von der Lebenserwartung sofort zur Verfügung stehen.

Literaturverzeichnis

AXA SA (Hrsg.) (2017): Ruhestandsplanung und -management Kernergebnisse, AXA Deutschland-Report 2017 April 2017, Köln.

Bäcker G., Schmitz J. (2013): Altersarmut und Rentenversicherung: Diagnosen, Trends, Reformoptionen und Wirkungen. In: Vogel C., Motel-Klingebiel A. (Hrsg.) (2013): Altern im sozialen Wandel: Die Rückkehr der Altersarmut?, 23. Auflage, Springer VS, Wiesbaden, S.25-53.

Bäcker G. (2016): Altersarmut, Lebensstandardsicherung und Rentenniveau. In: Naegele G., Olbermann E., Kuhlmann A. (Hrsg.) (2016): Teilhabe im Alter gestalten. Dortmunder Beiträge zur Sozialforschung, Springer VS, Wiesbaden.

Coppola M., Gasche M (2011): Die Riester-Förderung — Mangelnde Information als Verbreitungshemmnis, in: Wirtschaftsdienst, Jahrgang 91, Ausgabe 11, S.792-799.

Ruser A. (2011): Der Markt als Mitte(l). VS Verlag für Sozialwissenschaften, Wiesbaden.

Trischler, F. (2014): Erwerbsverlauf, Altersübergang, Alterssicherung - Zunehmende soziale Ungleichheit im Alter, Springer VS, Wiesbaden.

Wilke F. (2016): Sparen für unsichere Zeiten. Springer VS, Wiesbaden.

Internetverzeichnis

Allianz SA (Hrsg.) (o.J.): Allianz Riester-Rechner, online unter https://www.allianz.de/vorsorge/riester-rente/rechner/, Zugriff am 04.09.2017.

Das Erste (Hrsg.) (o.J.): Die Verteilung der Löhne und Gehälter in Deutschland – Interview mit einem Experten des Statistischen Bundesamtes, online unter http://www.daserste.de/information/ratgeber-service/geldcheck/wer-verdient-was-er-verdient-interview-statistisches-bundesamt-100.html, Zugriff am 10.09.2017.

Dedring, K-H., Deml, J., Döring D., Steffen J., Zwiener R. (2010): Rückkehr zur lebensstandardsichernden und armutsfesten Rente, Abteilung Wirtschafts- und Sozialpolitik der Friedrich-Ebert-Stiftung (Hrsg.), Bonn, online unter http://library.fes.de/pdf-files/wiso/07405.pdf, Zugriff am 01.10.2017.

Deutsche Rentenversicherung (Hrsg.) (o.J.a): Rentenniveau, online unter http://www.deutsche-rentenversicherung.de/Allgemein/de/Inhalt/Allgemeines/FAQ/Rente/_%20rentenniveau/rente nniveau.html, Zugriff am 06.10.2017.

Deutsche Rentenversicherung (Hrsg.) (o.J.b): Wie Renten besteuert werden – nicht alles ist steuerpflichtig, online unter http://www.deutsche-rentenversicherung.de/Allgemein/de/Inhalt/2_Rente_Reha/01_rente/04_in_der_rente/01_rent enbesteuerung/00_01_rentenbesteuerung_wie_besteuert_wird.html, Zugriff am 20.09.2017.

Deutsche Rentenversicherung (Hrsg.) (o.J.c): Einkommensanrechnung – was zählt dazu, online unter https://www.deutsche-rentenversicherung.de/Allgemein/de/Inhalt/2_Rente_Reha/01_rente/04_in_der_rente/04_gru ndsicherung_bei_kleinstrenten/00_02_grundsicherung_anrechnung.html, Zugriff am 20.09.2017.

Deutsches Bundesministerium für Arbeit und Soziales (Hrsg.) (2016): Rentenversicherungsbericht 2016, online unter http://www.bmas.de/SharedDocs/Downloads/DE/PDF-Pressemitteilungen/2016/rentenversicherungsbericht-2016.pdf?_blob=publicationFile&v=5, Zugriff am 27.09.2017

Die Bayrische (Hrsg.) (2017): Versicherungsstudie der Bayerischen: Riester-Rente ist beliebtestes Altersvorsorgeprodukt, 03. März 2017, online unter https://www.diebayerische.de/die_bayerische/presse/pressemeldungen/presse_detail_30336.h tml, Zugriff am 02.10.2017.

Die Bundesregierung (Hrsg.) (2016): Bundesrat stimmt Riester und Co. zu – Betriebsrente wird attraktiver, online unter https://www.bundesregierung.de/Content/DE/Artikel/2016/12/2016-12-21-betriebsrente-wird-attraktiver.html, Zugriff am 01.10.2017.

finanzrechner.org (Hrsg.) (o.J.): Rentenrechner – Rentenbesteuerung berechnen, online unter https://www.finanzrechner.org/sonstige-rechner/rentenbesteuerungsrechner/, Zugriff am 20.09.2017

Freiberger, H. (2016): Warum die Riester-Rente nicht funktioniert, 25. Februar 2016, online unter http://www.sueddeutsche.de/geld/foerdermodell-riester-ente-1.2878069, Zugriff am 01.10.2017.

Institut Arbeit und Qualifikation der Universität Duisburg-Essen (Hrsg.) (2017): Entwicklung des Netto-Rentenniveaus vor Steuern 1990-2030, online unter http://www.sozialpolitik-aktuell,de/tl_files/sozialpolitik-aktuell/_Politikfelder/Alter-Rente/Datensammlung/PDF-Dateien/abbVIII37.pdf, Zugriff am 28.09.2017

N-TV (Hrsg.) (2017): Laufende Verzinsung – Allianz Lebensversicherug? Abwärts!, 06. Dezember 2016 online unter http://www.n-tv.de/ratgeber/Allianz-Lebensversicherung-Abwaerts-article19264636.html, Zugriff am 20.09.2017.

Statistisches Bundesamt (Hrsg.) (o.J.): Lebenserwartung in Deutschland, online unter https://www.destatis.de/DE/ZahlenFakten/GesellschaftStaat/Bevoelkerung/Sterbefaelle/Tabellen/LebenserwartungDeutschland.html, Zugriff am 25.09.2017.